Impressum
Verlag: BABADADA GmbH, Nedderfeld 112 , 22529 Hamburg
Geschäftsführer / Verlagsleitung: Harald Hof
Druck: Books on Demand GmbH, In de Tarpen 42, 22848 Norderstedt

Imprint
Publisher: BABADADA GmbH, Nedderfeld 112 , 22529 Hamburg, Germany
Managing Director / Publishing direction: Harald Hof
Print: Books on Demand GmbH, In de Tarpen 42, 22848 Norderstedt, Germany

1

de School
sekolah

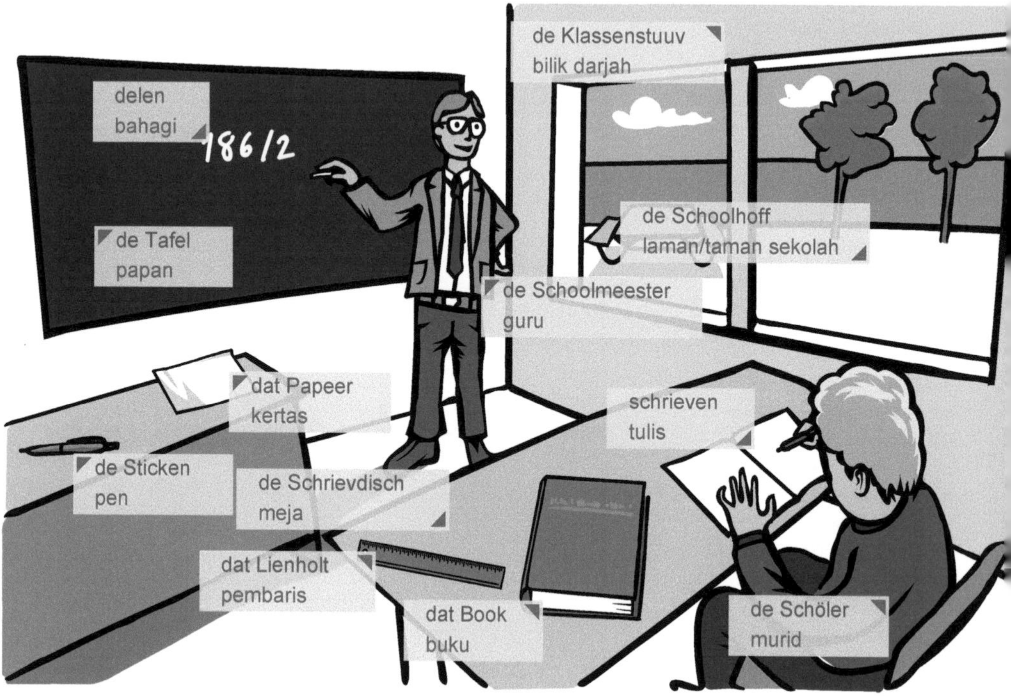

de Klassenstuuv
bilik darjah

delen
bahagi

$186/2$

de Tafel
papan

de Schoolhoff
laman/taman sekolah

de Schoolmeester
guru

dat Papeer
kertas

schrieven
tulis

de Sticken
pen

de Schrievdisch
meja

dat Lienholt
pembaris

dat Book
buku

de Schöler
murid

de Ranzel

beg galas

de Feddermapp

kotak pensel

de Bleesticken

pensel

de Scharpmaker

pengasah pensel

dat Radeergummi

pemadam

de Tekenblock

kertas lukisan

de Teken

melukis

de Pinsel

berus lukis

de Malkassen

kotak warna

de Scheer

gunting

de Klever

gam

dat Heft to'n Öven

buku latihan

de Huusopgaav

kerja rumah

de Tall

nombor

tohooptellen

tambah

aftrecken

tolak

malnehmen

darab

reken

kira

de Bookstaav

huruf

dat ABC

abjad

hello

dat Woort

kata

de Text

teks

lesen

baca

de Kried

kapur

de Stunn

pelajaran

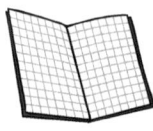

dat Klassenbook

daftar

de Pröven

peperiksaan

dat Tüügnis

sijil

de Schooluniform

uniform sekolah

de Utbillen

pendidikan

dat Nakieksel

ensiklopedia

de Universität

universiti

dat Mikroskop

mikroskop

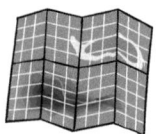

de Koort

peta

de Papeerkorf

bakul sampah

de Törn
berjalan

dat Hotel
hotel
Grand
de Harbarg
asrama
ROOMS
de Wesselstuuv
pejabat tukaran mata wang
de Kuffer
beg pakaian
dat Auto
kereta

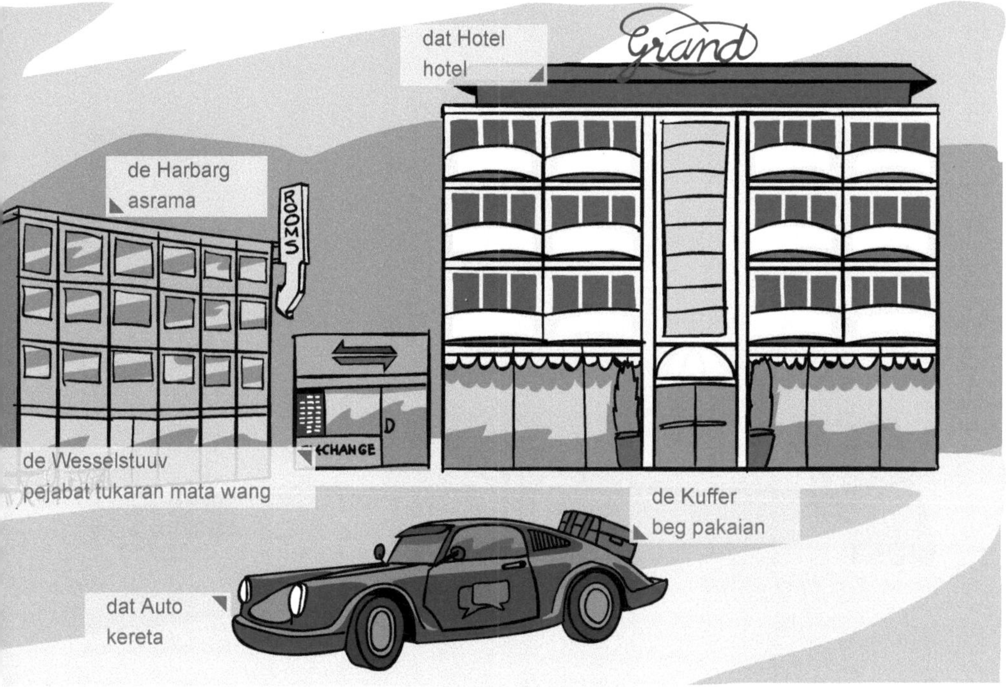

de Spraak
bahasa

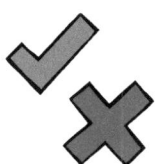

jo / ne
ya / tidak

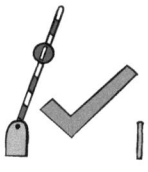

Jo
okey

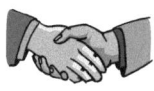

Moin
helo

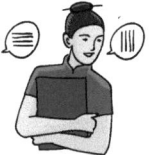

de Översetter
penterjemah

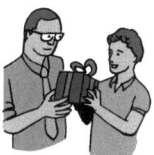

Dank ok
Terima kasih

Wat kost...?

berapa banyak...?

Ik verstah nich

saya tidak faham

dat Problem

masalah

Goden Avend

Selamat petang!

Moin!

Selamat Pagi!

Gode Nacht!

Selamat Malam!

Tschüüs

selamat tinggal

de Richt

arah

de Bagaasch

bagasi

de Tasch

beg

de Rüchsack

beg galas

de Gast

tetamu

de Stuuv

bilik tidur

de Slaapsack

beg tidur

dat Telt

khemah

Touristeninformatschoon

maklumat pelancong

de Strand

pantai

de Kreditkoort

kad kredit

dat Fröhstück

sarapan

dat Meddageten

makan tengah hari

dat Avendeten

makan malam

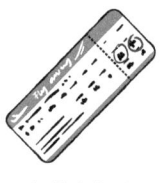

de Fohrkort

tiket

de Fohrstohl

lif

de Breefmark

setem

de Grenz

sempadan

de Toll

kastam

de Bottschop

kedutaan

dat Visum

visa

de Pass

pasport

de Transport

pengangkutan

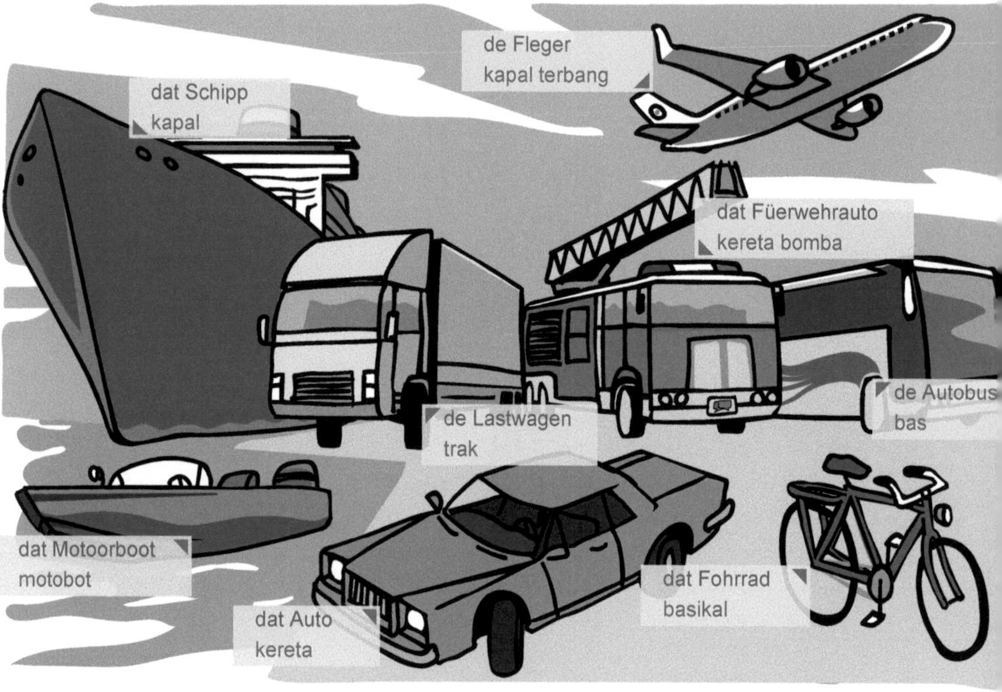

de Fleger
kapal terbang
dat Schipp
kapal
dat Füerwehrauto
kereta bomba
de Lastwagen
trak
de Autobus
bas
dat Motoorboot
motobot
dat Auto
kereta
dat Fohrrad
basikal

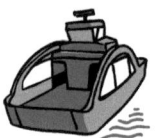

de Fähr

feri

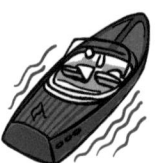

dat Boot

bot

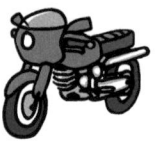

dat Motoorrad

motosikal

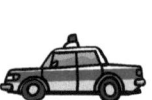

dat Polizeiauto

kereta polis

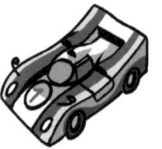

dat Rönnauto

kereta lumba

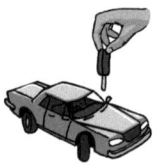

de Lehnwagen

kereta sewa

dat Carsharing

berkongsi kereta

de Afsleepwagen

trak tunda

dat Müllauto

trak menolak

de Motoor

motor

de Kraftstoff

bahan api

de Tanksteed

stesen minyak

dat Verkehrsschild

tanda trafik

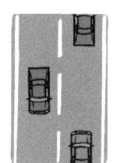

de Verkehr

trafik

de Stau

kesesakan lalu lintas

de Afstellplatz

tempat parkir

de Bahnhoff

stesen kereta api

de Sporen

trek

de Tog

kereta api

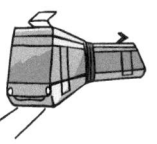

de Stratenbahn

trem

de Wagon

gerabak

de Dwarsmöhl

helikopter

de Flooghaven

lapangan terbang

de Tower

Menara

de Fohrgast

penumpang

de Grootkist

bekas

de Karton

kadbod

de Koor

kart

de Korf

bakul

starten / lannen

berlepas / mendarat

de Stadt
bandar

dat Dörp

kampung

de Binnenstadt

pusat bandar

dat Huus

rumah

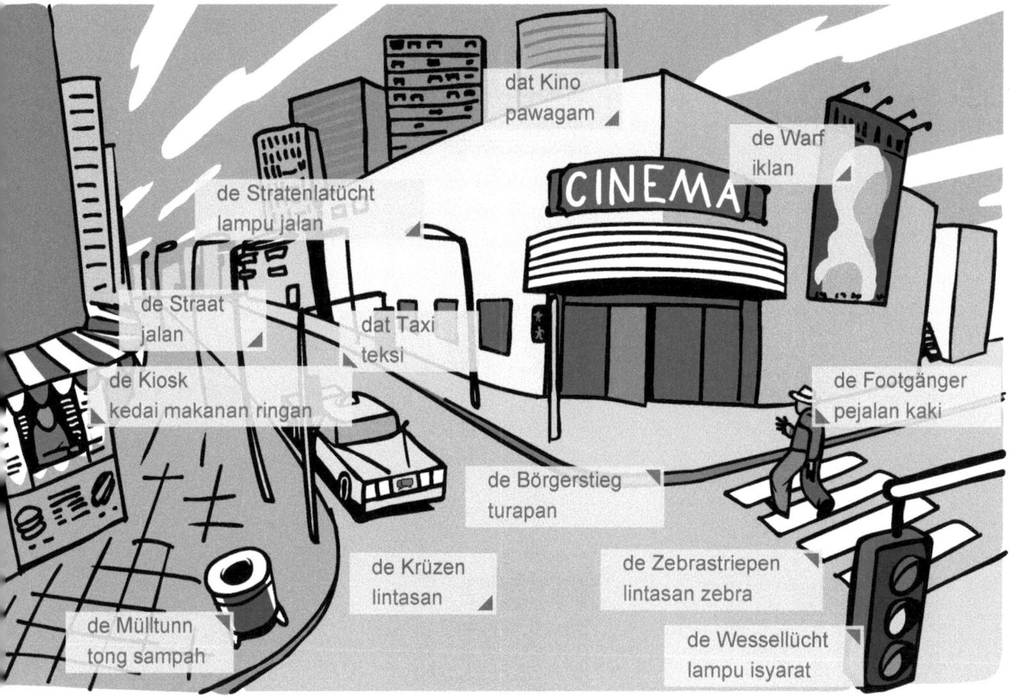
dat Kino
pawagam
de Warf
iklan
CINEMA
de Stratenlatücht
lampu jalan
de Straat
jalan
dat Taxi
teksi
de Kiosk
kedai makanan ringan
de Footgänger
pejalan kaki
de Börgerstieg
turapan
de Krüzen
lintasan
de Zebrastriepen
lintasan zebra
de Mülltunn
tong sampah
de Wessellücht
lampu isyarat

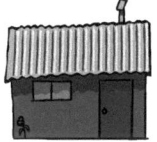

de Hütt

pondok

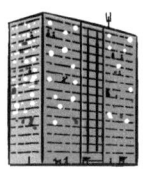

de Wahnung

flat

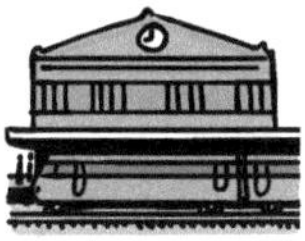

de Bahnhoff

stesen kereta api

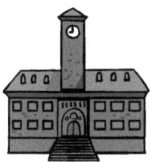

dat Raathuus

dewan bandar

MUSEUM

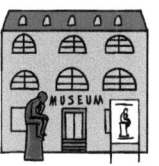

dat Museum

muzium

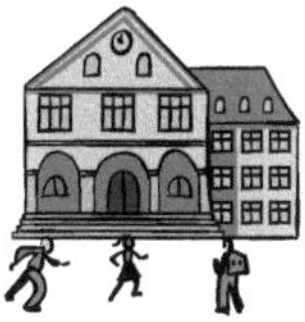

de School

sekolah

de Universität

universiti

de Bank

bank

dat Krankenhuus

hospital

dat Hotel

hotel

de Afteek

farmasi

dat Büro

pejabat

de Bookhökerie

kedai buku

de Hökerie

kedai

de Blomenhökerie

kedai bunga

de Supermarkt

pasar raya

de Markt

pasaran

dat Koophuus

gedung

de Fischhökerie

penjual ikan

dat Inkoopszentrum

pusat membeli-belah

de Haven

pelabuhan

de Parkanlaag

taman

de Bank

bangku

de Brüch

jambatan

de Trepp

tangga

de Ünnergrundbahn

bawah tanah

de Tunnel

terowong

de Busstoppsteed

hentian bas

de Bar

bar

dat Spieslokal

restoran

de Breefkassen

peti surat

dat Stratenschild

papan tanda jalan

de Parkklock

meter parkir

de Deertenpark

zoo

de Baadanstalt

kolam renang

de Moschee

masjid

de Buernhoff

ladang

de Ümweltversmudden

pencemaran

de Karkhoff

tanah perkuburan

de Kark

gereja

de Speelplatz

taman permainan

de Tempel

kuil

de Landschop
landskap

dat Blatt
daun

de Wiespahl
tiang tanda

de Weg
jalan

de Wisch
padang rumput

de Steen
batu

de Boom
pokok

de Wannerer
pejalan kaki

de Fluss
sungai

dat Gras
rumput

de Bloom
bunga

dat Daal

lembah

de Barg

bukit

de See

tasik

dat Holt

hutan

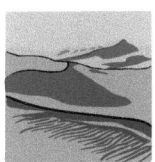

de Wööst

padang pasir

de Füerspien Barg

gunung berapi

dat Slott

istana

de Regenbagen

pelangi

de Poggenstohl

cendawan

de Palm

pokok kelapa sawit

de Steekmück

nyamuk

de Fleeg

terbang

de Miegeemk

semut

de Imm

lebah

de Spinn

labah-labah

de Sebber

kumbang

de Pogg

katak

de Katteker

tupai

de Swienegel

landak

de Haas

arnab

de Uul

burung hantu

de Vagel

burung

de Swaan

angsa

dat Wildswien

babi jantan

de Hirsch

rusa

de Elk

moose

de Staudamm

empangan

dat Windrad

turbin angin

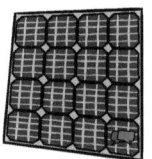

dat Solarmodul

panel solar

dat Klima

iklim

dat Spieslokal

restoran

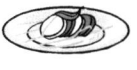

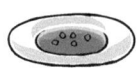

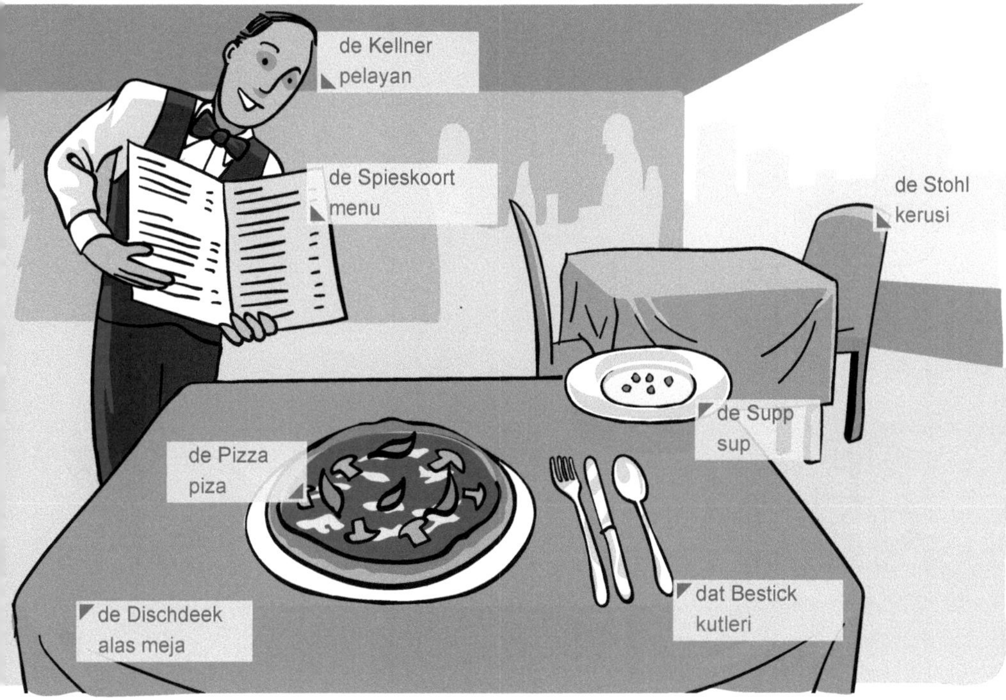

de Kellner
pelayan
de Spieskoort
menu
de Stohl
kerusi
de Supp
sup
de Pizza
piza
dat Bestick
kutleri
de Dischdeek
alas meja

de Vörspies

pemula

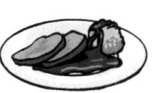

dat Haupteten

hidangan utama

de Nadisch

pencuci mulut

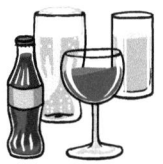

de Drünk

minuman

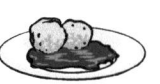

dat Eten

makanan

de Buddel

botol

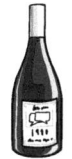

dat Fastfood

makanan segera

dat Strateneten

makanan jalanan

de Teekann

teko

de Zuckerdoos

mangkuk gula

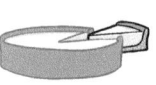

de Portschoon

bahagian

de Espressomaschien

mesin espreso

de Hoochstohl

kerusi tinggi

de Reken

bil

dat Tablett

dulang

dat Mess

pisau

de Gavel

garfu

de Lepel

sudu

de Teelepel

sudu teh

dat Munddook

serviette

dat Glas

gelas

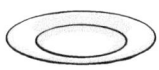

de Töller

pinggan

de Suppentöller

mangkuk sup

de Ünnertass

piring

de Sooß

sos

de Soltstreuer

tempat garam

de Pepermöhl

pengisar lada

de Etig

cuka

dat Ööl

minyak

de Krüder

rempah

de Ketchup

sos

de Mostrich

mustard

de Mayonnaise

mayones

de Supermarkt

pasar raya

dat Anbott
tawaran istimewa
FOR
de Kunn
pelanggan
de Melkprodukten
tenusu
dat Aaft
buah-buahan
de Inkoopswagen
troli

BUTCHERS

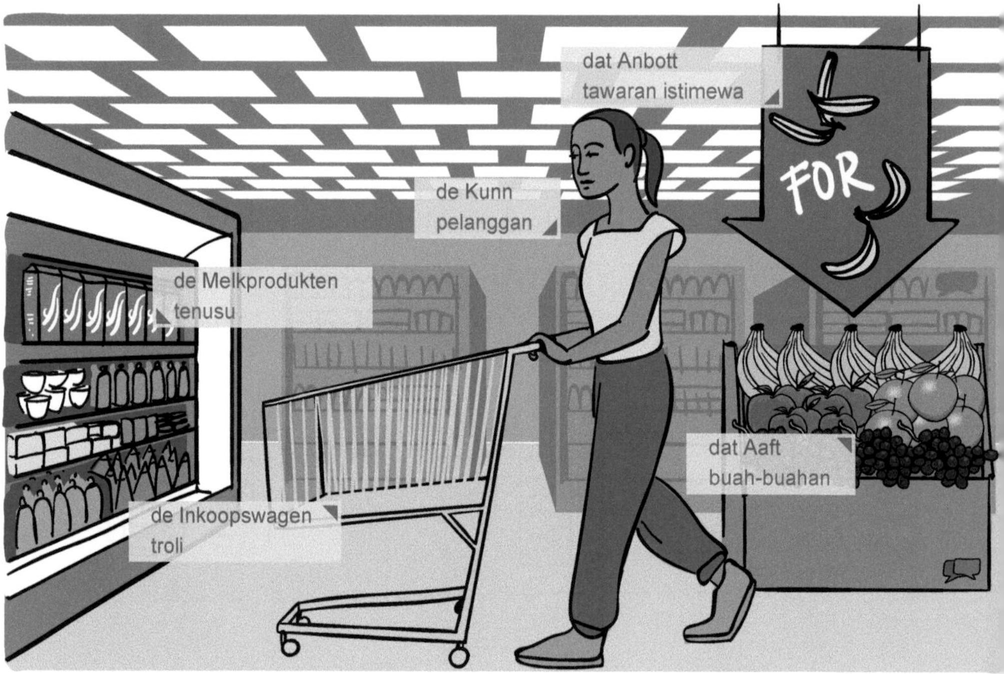

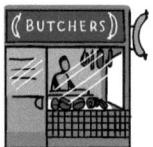

de Slachterie

tukang daging

BAKERY

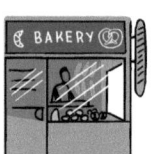

de Bäckerie

kedai roti

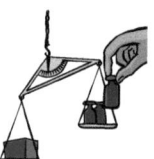

wegen

berat

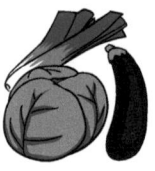

de Gröönsaken

sayur-sayuran

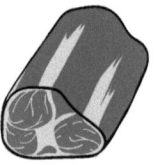

dat Fleesch

daging

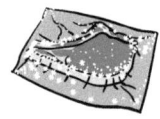

de Deepköhlkost

makanan sejuk beku

de Opsnitt

daging sejuk

de Konserven

makanan dalam tin

de Waschmiddel

serbuk pencuci

de Snoopkraam

gula-gula

de Huushooltssaken

produk isi rumah

de Reinmaaktüüch

produk pembersihan

de Verköpersche

orang jualan

de Kass

daftar tunai

de Kasserer

juruwang

de Inkoopslist

senarai membeli-belah

de Opsparrtieden

waktu pembukaan

de Breeftasch

beg duit

de Kreditkoort

kad kredit

de Tasch

beg

de Plastiktüüt

beg plastik

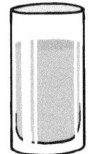

dat Water

air

de Saft

jus

de Melk

susu

de Cola

kola

de Wien

wain

dat Beer

bir

de Spriet

alkohol

de Kakao

koko

de Tee

the

de Koffie

kopi

de Espresso

espreso

de Cappucino

kapucino

de Banaan

pisang

de Appel

epal

de Appelsien

oren

de Meloon

tembikai

de Zitroon

lemon

de Wöttel

lobak merah

de Knuuvlook

bawang putih

de Bambus

buluh

de Zibbel

bawang

de Poggenstohl

cendawan

de Nööt

kacang

de Nudeln

mi

de Spaghetti

spageti

de Ries

nasi

de Salat

salad

de Pommes frites

kerepek

de Braadkantüffeln

kentang goreng

de Pizza

piza

de Hamborger

hamburger

dat Sandwich

sandwic

dat Snitzel

kutlet

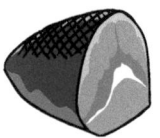

de Schinken

ham

de Salami

salami

de Wust

sosej

dat Hohn

ayam

de Braden

panggang

de Fisch

ikan

de Haverflocken

bubur oat

dat Müsli

muesli

de Cornflakes

emping jagung

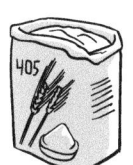

dat Mehl

tepung

de Croissant

kroisan

dat Rundstück

roti roll

dat Broot

roti

dat Toast

roti bakar

de Keksen

biskut

de Botter

mentega

de Quark

dadih

de Koken

kek

dat Ei

telur

dat Spegelei

telur goreng

de Kees

keju

dat Eten - makanan

de Ies

ais krim

de Zucker

gula

de Honnig

madu

de Marmelaad

jem

de Nougat-Creme

krim nougat

dat Curry

kari

dat Eten - makanan

de Buernhoff
ladang

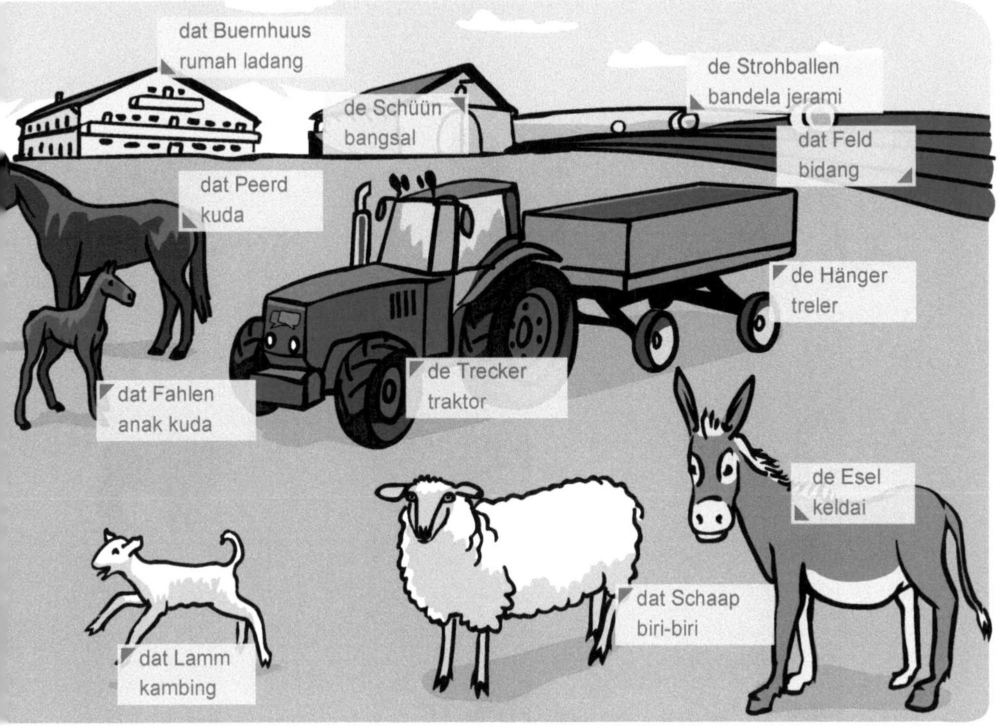
dat Buernhuus
rumah ladang
de Schüün
bangsal
de Strohballen
bandela jerami
dat Feld
bidang
dat Peerd
kuda
de Hänger
treler
de Trecker
traktor
dat Fahlen
anak kuda
de Esel
keldai
dat Schaap
biri-biri
dat Lamm
kambing

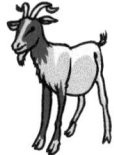

de Zeeg

kambing

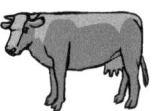

de Koh

lembu

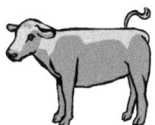

dat Kalf

anak lembu

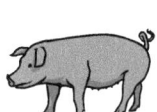

dat Swien

babi

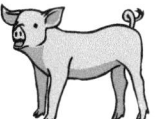

dat Farken

anak babi

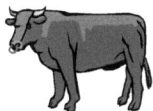

de Bull

lembu

de Goos

angsa

de Aant

itik

dat Küken

anak ayam

dat Hohn

ayam betina

de Hahn

ayam jantan muda

de Rott

tikus

de Katt

kucing

de Muus

tikus

de Oss

lembu jantan

de Hund

anjing

de Hunnenhütt

rumah anjing

de Goornslauch

hos taman

de Geetkann

bekas siraman

de Lee

sabit

de Ploog

bajak

de Sich

sabit

de Hack

cangkul

de Mestfork

serampang peladang

de Ext

kapak

de Schuufkoor

kereta sorong

de Trog

palung

de Melkkann

tin susu

de Sack

karung

de Tuun

pagar

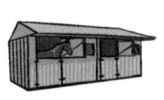

de Stall

stabil

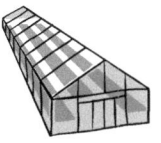

dat Drievhuus

rumah hijau

de Bodden

tanah

de Saat

benih

de Dünger

baja

de Meihdöscher

jentuai

oornen
....
tuai

de Oorn
....
menuai

de Yamswöttel
....
keladi

de Weten
....
gandum

dat Soja
....
soya

de Kantüffel
....
kentang

de Törksche Weten
....
jagung

de Rapp
....
biji sawi

de Aaftboom
....
pokok buah-buahan

de Troopsch Kantüffel
....
ubi kayu

dat Koorn
....
bijirin

dat Huus

rumah

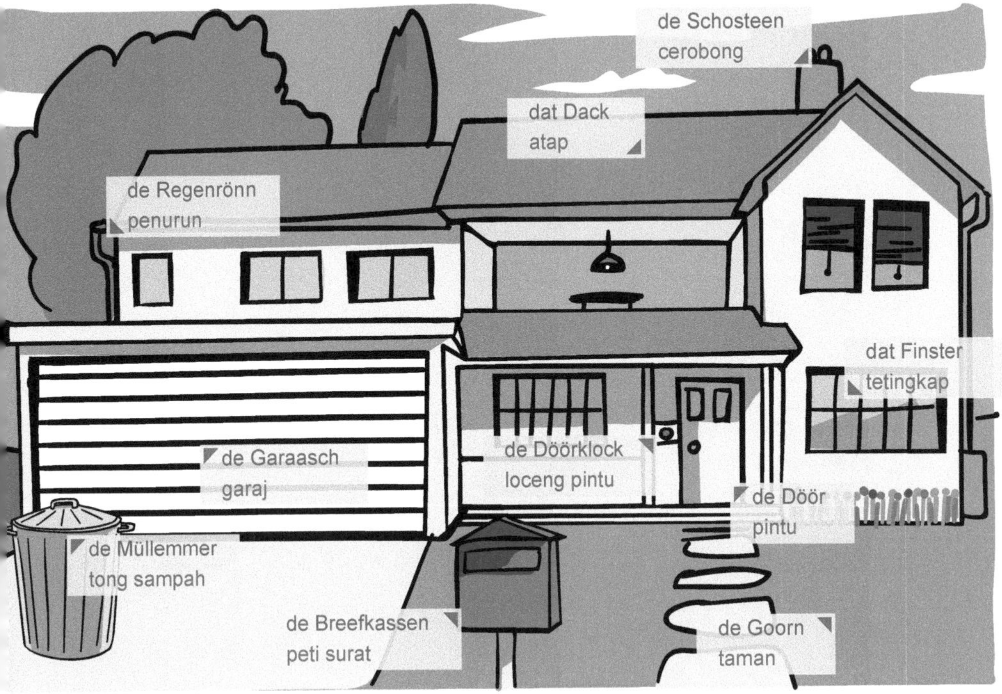

de Schosteen
cerobong
dat Dack
atap
de Regenrönn
penurun
dat Finster
tetingkap
de Garaasch
garaj
de Döörklock
loceng pintu
de Döör
pintu
de Müllemmer
tong sampah
de Breefkassen
peti surat
de Goorn
taman

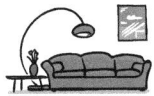

de Wahnstuuv

ruang tamu

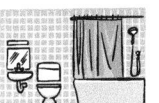

de Baadstuuv

bilik air

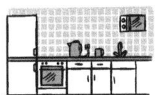

de Köök

dapur

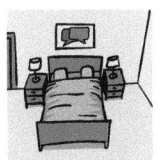

de Slaapstuuv

bilik tidur

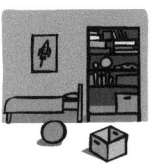

de Kinnerstuuv

bilik kanak-kanak

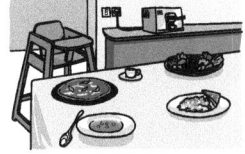

de Eetstuuv

ruang makan

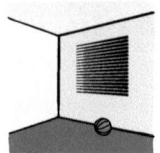

de Footbodden

lantai

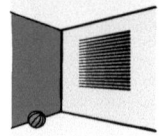

de Wand

dinding

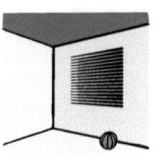

de Deek

siling

de Keller

bilik bawah tanah

dat Hittluftbad

sauna

de Balkon

balkoni

de Terrass

teres

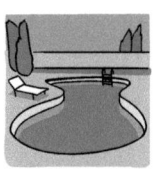

dat Swümmbad

kolam renang

de Rasenmeiher

pemotong rumput

de Bettbetog

lembaran

de Bettdeek

penutup tilam

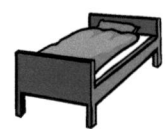

de Puuch

katil

de Bessen

penyapu

de Emmer

timba

de Schalter

suis

de Wahnstuuv
ruang tamu

de Tapeet
kertas dinding
dat Bild
gambar
de Lamp
lampu
dat Regal
rak
dat Schapp
kabinet
de Kiekkassen
televisyen
de Kamin
pendiangan
de Bloom
bunga
dat Küssen
kusyen
dat Sofa
sofa
de Vaas
pasu
de Feernbedenen
alat kawalan jauh

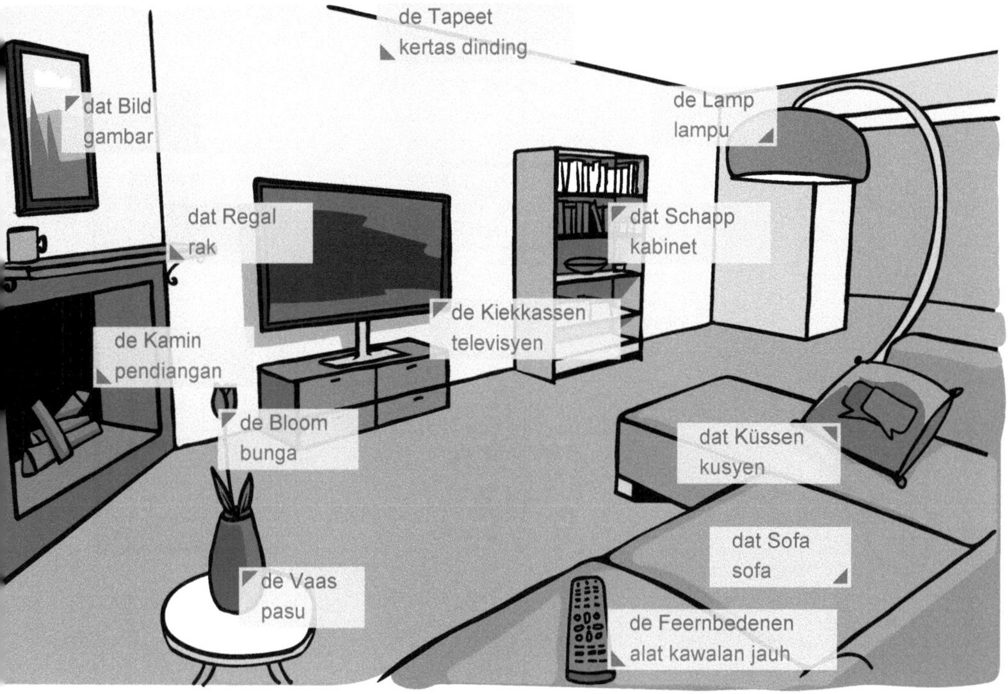

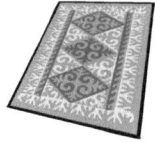

de Teppich

permaidani

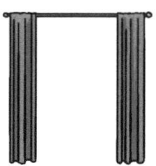

de Vörhang

tirai

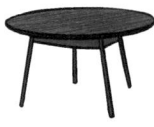

de Disch

meja

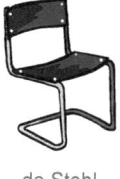

de Stohl

kerusi

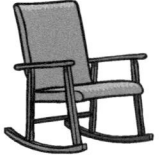

de Schuckelstohl

kerusi malas

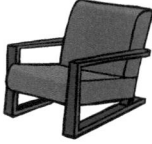

de Sessel

kerusi

dat Book

buku

de Deek

selimut

de Dekoratschoon

hiasan

dat Füerholt

kayu api

de Film

filem

de Stereoanlaag

hi-fi

de Slötel

kunci

dat Narichtenblatt

akhbar

dat Gemälde

lukisan

dat Poster

poster

dat Radio

radio

de Opschrievblock

buku catatan

de Huulbessen

penyedut habuk

de Kaktus

kaktus

de Kars

lilin

de Köök

dapur

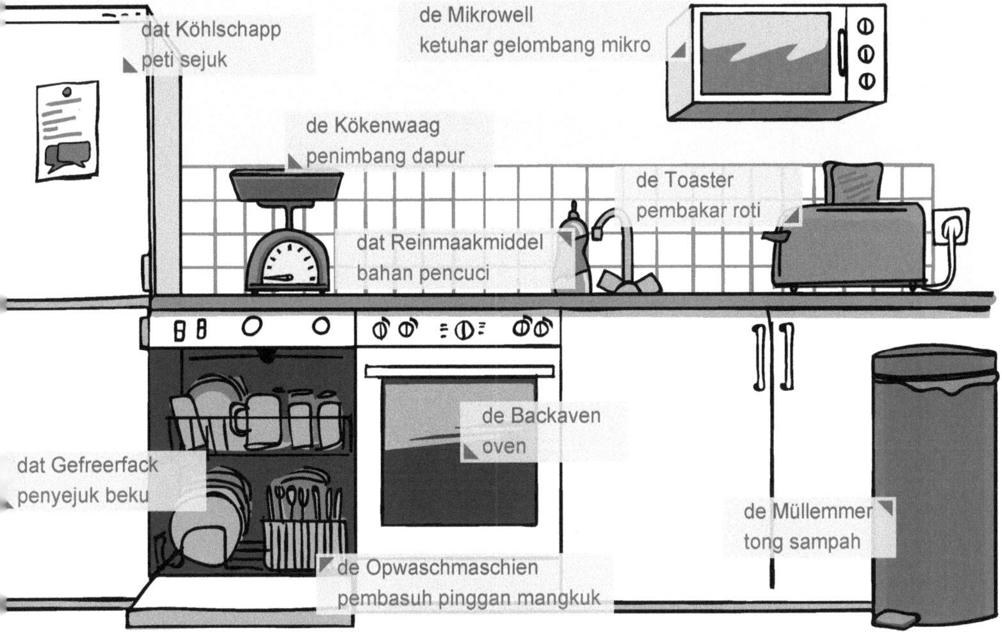

de Mikrowell
ketuhar gelombang mikro
dat Köhlschapp
peti sejuk
de Kökenwaag
penimbang dapur
de Toaster
pembakar roti
dat Reinmaakmiddel
bahan pencuci
de Backaven
oven
dat Gefreerfack
penyejuk beku
de Müllemmer
tong sampah
de Opwaschmaschien
pembasuh pinggan mangkuk

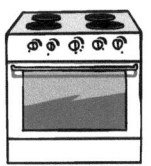

de Heerd

periuk dapur

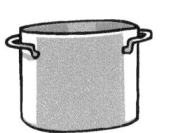

de Pott

periuk

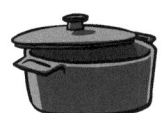

de Gussiesern Putt

periuk besi

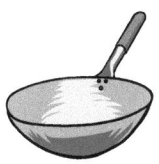

de Wok / Kadai

kuali

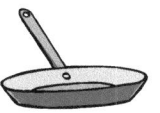

de Pann

pan

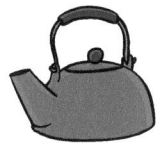

de Waterkaker

cerek

de Dampkaakputt

pengukus

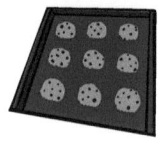

dat Backblick

dulang pembakar

dat Geschirr

pinggan mangkuk

de Beker

koleh

de Schaal

mangkuk

de Eetsticken

penyepit

de Suppenkell

senduk

de Pannenwenner

spatula

de Sneebessen

pengadun

dat Kaakseef

penapis

dat Seef

ayak

de Riev

pemarut

de Mörser

mortar

de Grill

barbeku

de Füerstell

pembakaran terbuka

dat Sniedbrett
papan pencincang

dat Nudelholt
pin golekan

de Proppentrecker
skru gabus

de Doos
tin

de Dosenaapner
pembuka tin

de Pottlappen
pemegang periuk

dat Waschbecken
sinki

de Böst
berus

de Swamm
span

de Mixer
pengisar

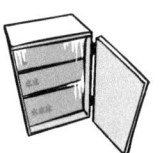

dat Iesschapp
penyejuk beku

de Nuckelbuddel
botol bayi

de Waterhahn
paip

de Baadstuuv

bilik air

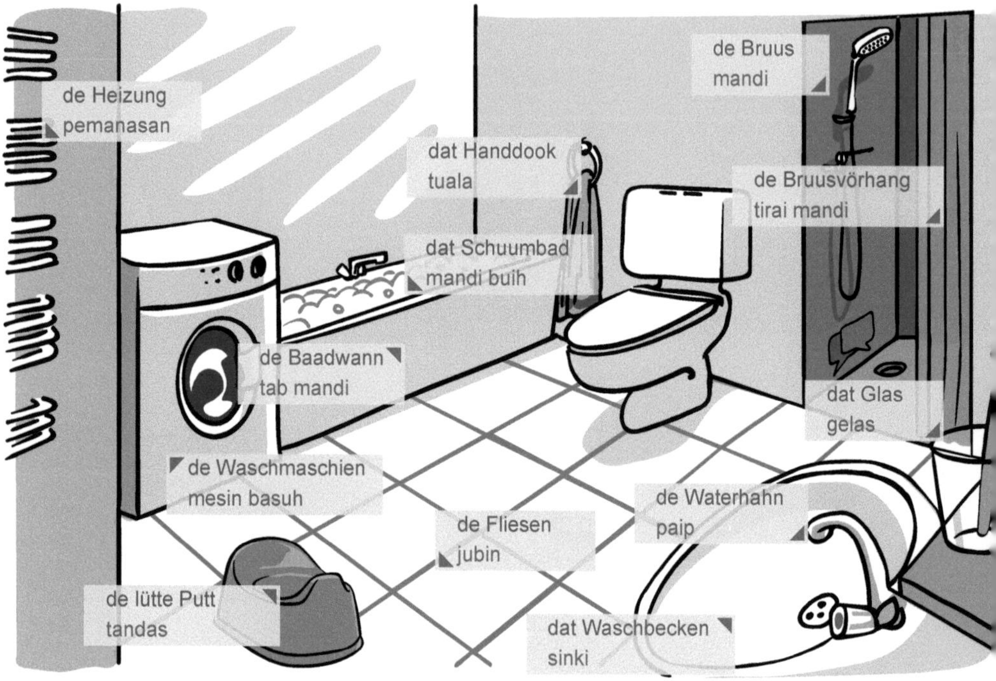

de Heizung
pemanasan
dat Handdook
tuala
de Bruus
mandi
de Bruusvörhang
tirai mandi
dat Schuumbad
mandi buih
de Baadwann
tab mandi
dat Glas
gelas
de Waschmaschien
mesin basuh
de Waterhahn
paip
de Fliesen
jubin
de lütte Putt
tandas
dat Waschbecken
sinki

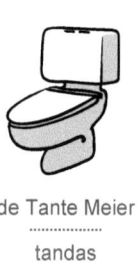

de Tante Meier

tandas

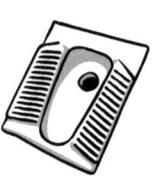

de Hockklo

tandas mencangkung

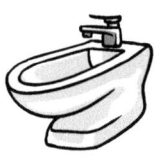

dat Bidet

mangkuk tandas

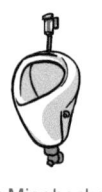

dat Miegbecken

tandas awam

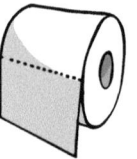

dat Klopapeer

kertas tandas

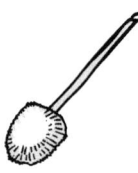

de Kloböst

berus tandas

de Tähnböst

berus gigi

de Tähnpast

ubat gigi

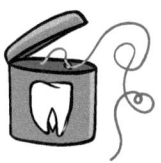

de Tähnsied

flos gigi

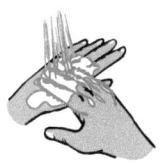

waschen

cuci

de Handbruus

mandian tangan

de Intimbruus

pancuran

de Waschschöttel

besen

de Rüchböst

belakang berus

de Seep

sabun

dat Bruusgeel

gel mandian

dat Hoorwaschmiddel

syampu

de Waschlappen

flanel

de Afloop

longkang

de Creme

krim

dat Deodorant

deodoran

de Spegel

cermin

de Kosmetikspegel

cermin tangan

de Raserer

pisau cukur

de Raseerschuum

busa cukur

dat Raseerwater

selepas cukur

de Kamm

sikat

de Böst

berus

de Hoordröger

pengering rambut

dat Hoorspray

semburan rambut

de Smink

mekap

de Lippensticken

gincu

de Nagellack

varnis kuku

de Watt

bulu kapas

de Nagelscheer

gunting kuku

dat Rüükwater

pewangi

de Kulturbüdel

beg basuhan

de Schemel

bangku

de Waag

skala berat

de Baadmantel

jubah mandi

de Gummihanschen

sarung tangan getah

de Tampon

kapas

de Damenbinn

tuala wanita

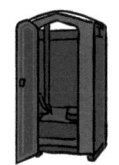

dat Chemieklo

tandas kimia

de Kinnerstuuv

bilik kanak-kanak

de Wecker
jam loceng
dat Knudeldeert
mainan kegemaran
dat Speeltüüchauto
kereta mainan
de Klöter
kerincing bayi
dat Poppenhuus
rumah anak patung
dat Geschenk
hadiah

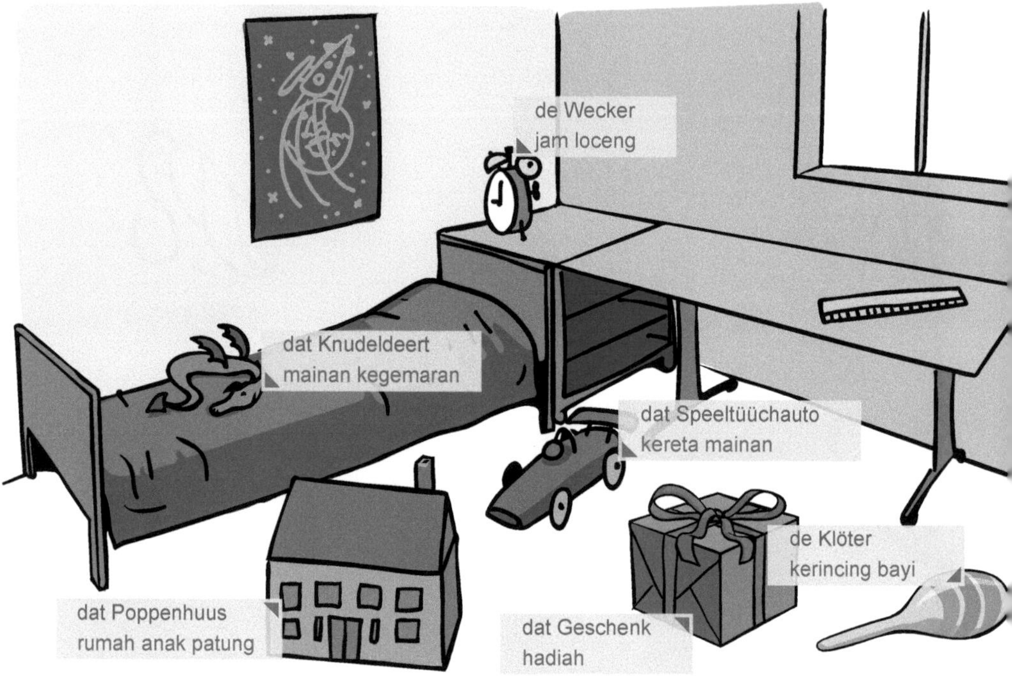

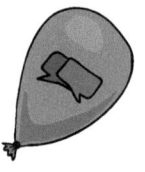

de Luftballon

belon

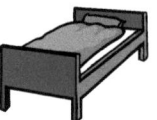

de Puuch

katil

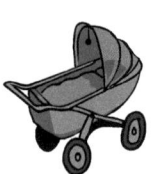

de Kinnerwagen

kereta sorong bayi

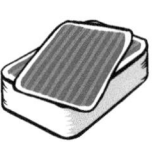

dat Koortenspeel

set kad

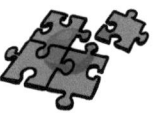

dat Puzzle

susun suai gambar

SUPER
MEGA

de Billergeschicht

komik

de Legostenen

batu bata lego

de Bustenen

blok mainan

de Action-Figur

figura aksi

de Strampelantog

baju bayi

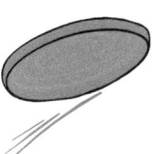

de Frisbeeschiev

frisbee

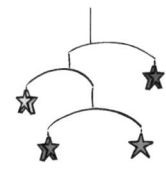

dat Mobile

mainan bayi mudah alih

dat Brettspeel

permainan papan

de Wörpel

dadu

de Modelliesenbahn

set model kereta api

de Snuller

palsu

de Party

parti

dat Billerbook

buku bergambar

de Ball

bola

de Popp

anak patung

spelen

main

de Sandkassen

lubang pasir

de Schuckel

buai

dat Speeltüüch

mainan

de Speelkonsool

konsol permainan video

dat Dreerad

basikal roda tiga

de Teddyboor

anak patung beruang

dat Klederschapp

almari pakaian

dat Tüüch

pakaian

de Socken

stoking

de Strümp

stoking

de Strumpbüx

ketat

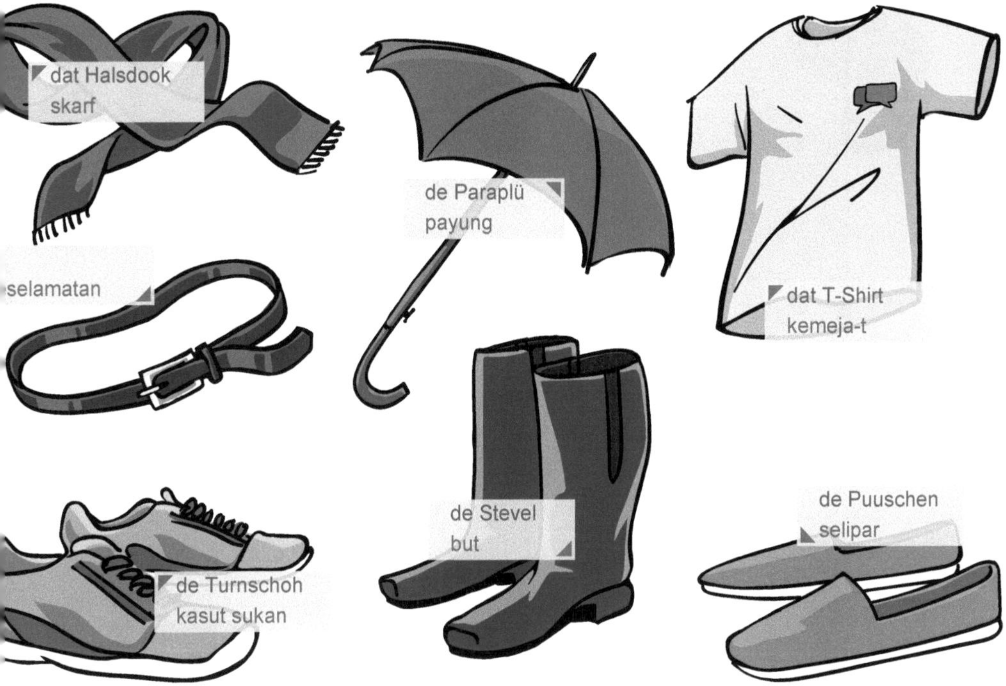

dat Halsdook
skarf

de Paraplü
payung

dat T-Shirt
kemeja-t

selamatan

de Stevel
but

de Puuschen
selipar

de Turnschoh
kasut sukan

de Sandalen
....
sandal

de Schoh
....
kasut

de Gummistevel
....
but getah

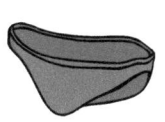

de Ünnerbüx
....
seluar dalam

de Bostholler
....
coli

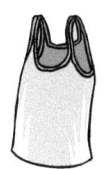

dat Ünnerhemd
....
ves

dat Tüüch - pakaian

45

de Lief

badan

de Büx

Seluar panjang

de Jeansnüx

jean

de Rock

skirt

de Bluus

blaus

dat Hemd

kemeja

de Pullover

baju panas sarung

de Kapuzenpullover

sweater

de Blazer

blazer

de Jack

jaket

de Mantel

kot

de Övertrecker

baju hujan

dat Kostüm

kostum

dat Kleed

pakaian

dat Hochtietskleed

baju pengantin

de Antog

sut

dat Nachtkleed

baju tidur

de Slaapantog

baju tidur

de Sari

sari

dat Koppdook

skarf kepala

de Turban

serban

de Burka

burqa

de Kaftan

kaftan

de Abaya

abaya/jubah

de Baadantog

baju renang

de Baadbüx

seluar renang

de Korte Büx

seluar pendek

de Antog to'n Öven

sut balapan

de Schört

apron

de Handschoh

sarung tangan

de Knopp

butang

de Brill

cermin mata

dat Armband

gelang tangan

de Halskeed

rantai leher

de Ring

cincin

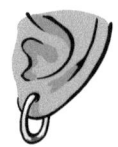

de Ohrbummel

subang

de Mütz

topi

de Klederbögel

penyangkut kot

de Hoot

topi

de Binner

tali leher

de Rietslüter

zip

de Helm

topi keledar

dat Drachtband

pendakap

de Schooluniform

uniform sekolah

de Uniform

seragam

de Severböten
....
lapik dada

de Snuller
....
palsu

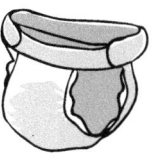

de Winnel
....
lampin

dat Büro
pejabat

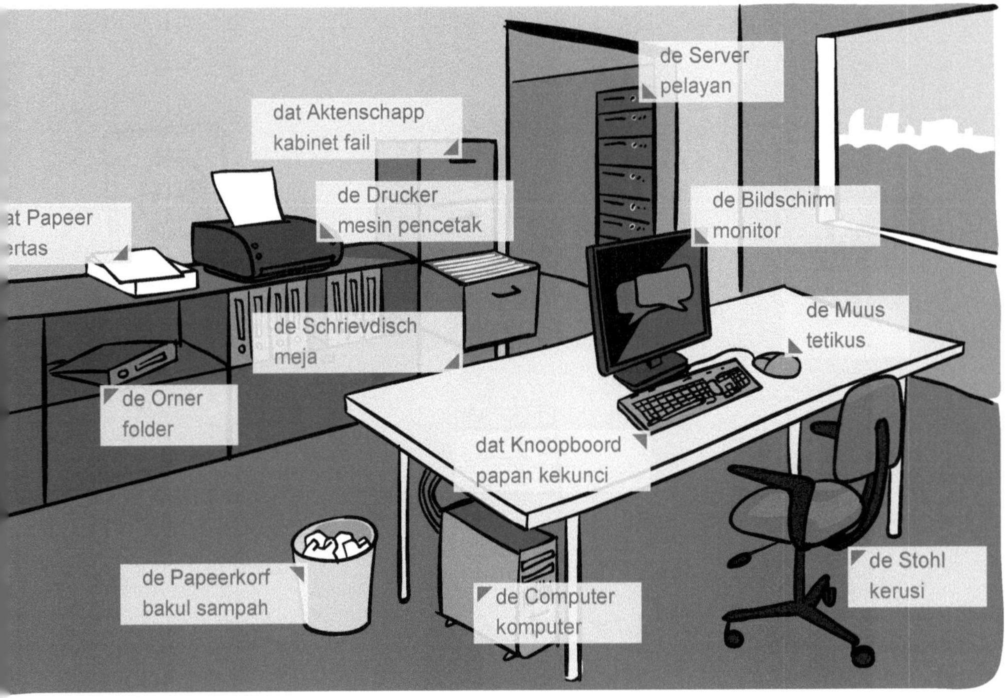

de Server
pelayan

dat Aktenschapp
kabinet fail

de Drucker
mesin pencetak

de Bildschirm
monitor

at Papeer
rtas

de Schrievdisch
meja

de Muus
tetikus

de Orner
folder

dat Knoopboord
papan kekunci

de Papeerkorf
bakul sampah

de Computer
komputer

de Stohl
kerusi

de Koffiebeker
....
cawan kopi

de Taschenreekner
....
kalkulator

dat Internet
....
internet

de Klappreekner

komputer riba

de Breef

surat

de Naricht

mesej

de Ackersnacker

mudah alih

dat Nettwark

rangkaian

de Kopeerapparat

mesin fotokopi

de Software

perisian

de Klöönkassen

telefon

de Steekdoos

soket plag

de Faxapparat

mesin faks

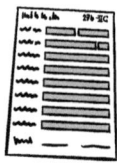

dat Formulor

bentuk

dat Dokument

dokumen

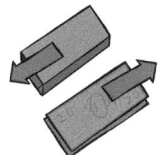

köpen

beli

betahlen

bayar

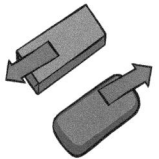

hanneln

berdagang

dat Geld

wang

de Dollar

dolar

de Euro

euro

de Yen

yen

de Ruvel

rubel

de Swiezer Franken

franc swiss

de Renminbi Yuan

renminbi yuan

de Rupie

rupee

de Geldautomat

mata tunai

de Wesselstuuv

pejabat tukaran mata wang

dat Gold

emas

dat Sülver

perak

dat Ööl

minyak

de Energie

tenaga

de Pries

harga

de Verdrag

kontrak

de Stüer

cukai

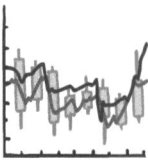

de Andeelschien

stok

arbeiden

kerja

de Anstellte

pekerja

de Arbeitgever

majikan

de Fabrik

kilang

de Hökerie

kedai

de Profeschonen
pekerjaan

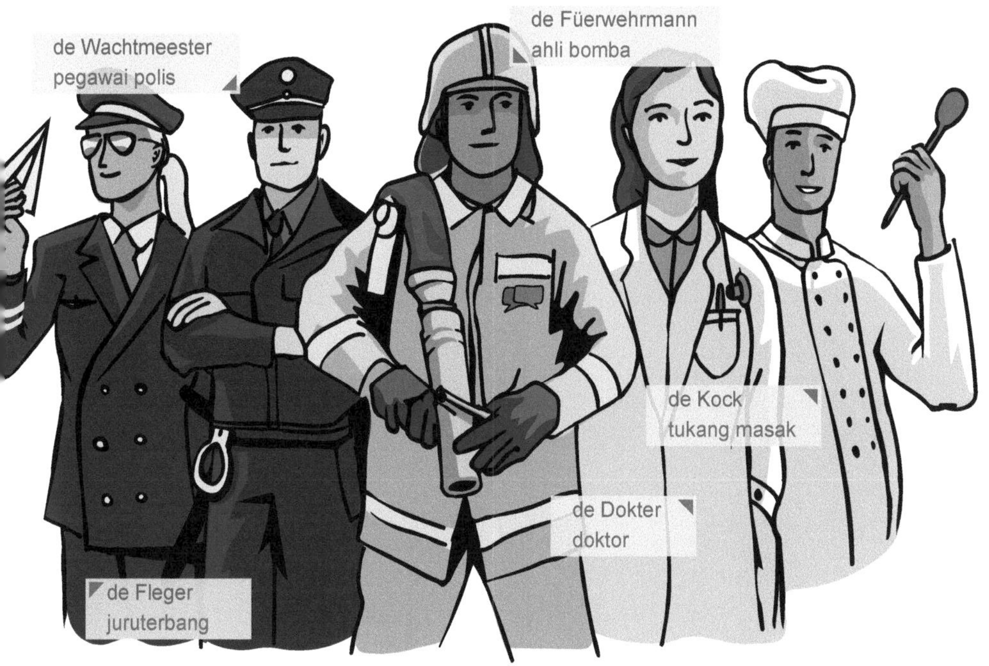

de Wachtmeester
pegawai polis
de Füerwehrmann
ahli bomba
de Kock
tukang masak
de Dokter
doktor
de Fleger
juruterbang

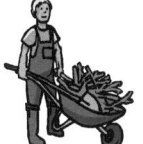

de Goorner

tukang kebun

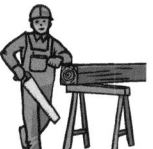

de Discher

tukang kayu

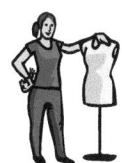

de Neihersche

tukang jahit

de Richter

hakim

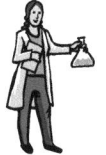

de Chemiker

ahli kimia

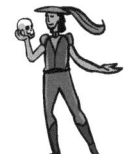

de Schauspeler

pelakon

de Busfohrer

pemandu bas

de Taxifohrer

pemandu teksi

de Fischer

nelayan

de Reinmaakfru

wanita pencuci

de Dackdecker

kasau

de Kellner ·

pelayan

de Jäger

pemburu

de Maler

pelukis

de Bäcker

bakeri

de Elektriker

juruelektrik

de Buarbeider

pembangun

de Ingenieur

jurutera

de Slachter

penjual daging

de Klempner

tukang paip

de Postbüdel

posmen

de Profeschonen - pekerjaan

de Suldat

askar

de Architekt

arkitek

de Kasserer

juruwang

de Florist

kedai bunga

de Putzbüdel

pendandan rambut

de Schaffner

konduktor

de Mechaniker

mekanik

de Kaptein

kapten

de Tähndokter

doktor gigi

de Wetenschopler

ahli sains

de Rabbi

tuhanku

de Imam

imam

de Mönk

sami

de Paap

paderi

dat Warktüüch

alat

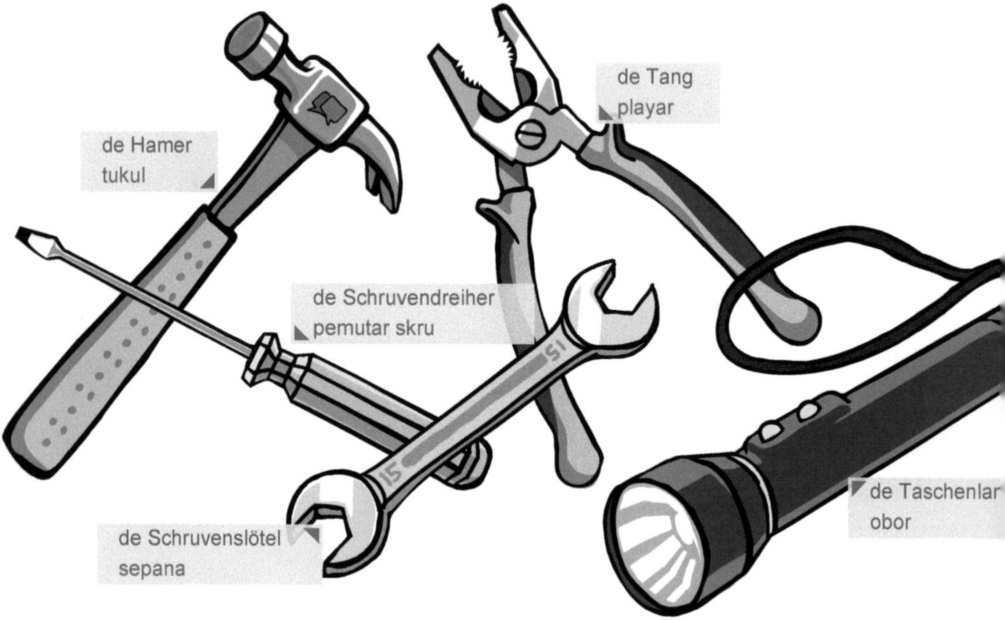

de Hamer
tukul
de Tang
playar
de Schruvendreiher
pemutar skru
de Schruvenslötel
sepana
de Taschenlar
obor

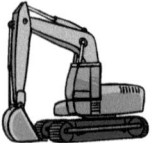

de Grieper
pengorek

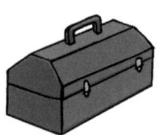

de Warktüüchkassen
kotak peralatan

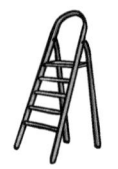

de Ledder
tangga

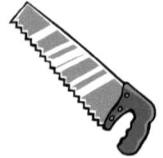

de Saag
gergaji

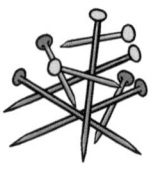

de Nagels
kuku

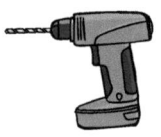

de Bohrer
gerudi

heelmaken

baiki

de Schüffel

penyodok

Schiet!

Celaka!

dat Kehrblick

penadah sampah

de Farvpott

periuk cat

de Schruven

skru

de Musikinstrumenten
alat muzik

de Luutsnacker
pembesar suara

dat Slagtüüch
perangkat dram

de Bass-Vigelien
bass berganda

de Trumpeet
trompet

de Rietfiedel
gitar

de Musikinstrumenten - alat muzik

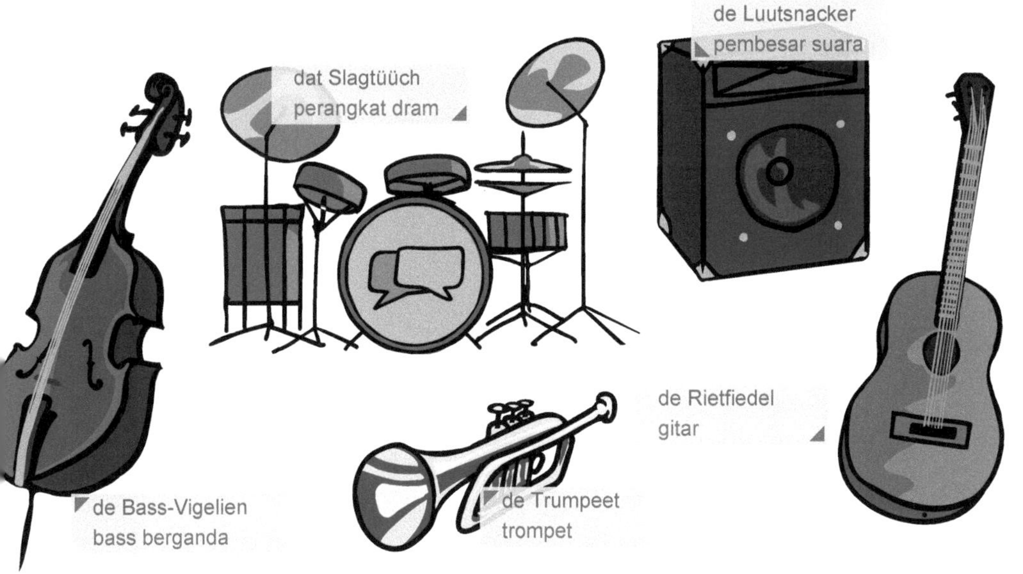

dat Klaveer

piano

de Vigelien

biola

de Bass

bass

de Pauk

timpani

de Trummeln

dram

dat Keyboard

papan kekunci

dat Saxophon

saksofon

de Fleut

seruling

dat Mikrofoon

mikrofon

de Deertenpark

zoo

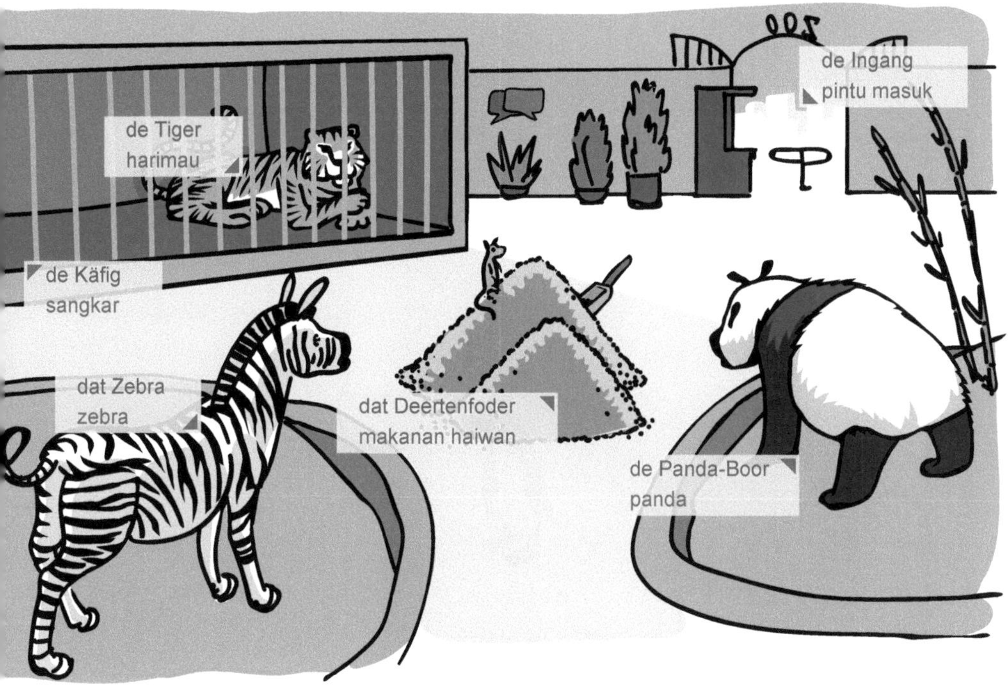

de Tiger
harimau
de Käfig
sangkar
de Ingang
pintu masuk
dat Zebra
zebra
dat Deertenfoder
makanan haiwan
de Panda-Boor
panda

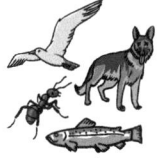

de Deerten

haiwan

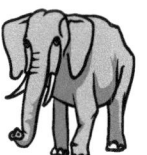

de Elefant

gajah

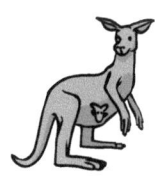

dat Känguru

kanggaru

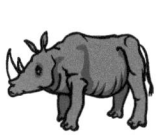

dat Neeshoorn

badak sumbu

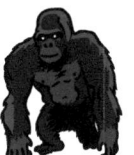

de Gorilla

gorila

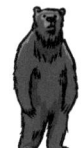

de Boor

beruang

dat Kameel
unta

de Struuß
burung unta

de Lööv
singa

de Aap
monyet

de Flamingo
flamingo

de Papagoi
nuri

de Iesboor
beruang kutub

de Pinguin
penguin

de Haifisch
yu

de Pageluun
merak

de Slang
ular

dat Krokodil
buaya

de Oppasser in'n
Deertenpark
penjaga zoo

de Saalhund
anjing laut

de Jaguor
jaguar

dat Pony
kuda

de Leopard
harimau

dat Nilpeerd
badak air

de Giraff
zirafah

de Aadler
helang

dat Wildswien
babi jantan

de Fisch
ikan

de Schildkrööt
penyu

dat Walross
anjing laut

de Voss
musang

de Gazell
rusa

de Amerikaansch Football
bola sepak Amerika

dat Radfohren
berbasikal

dat Tennis
tenis

de Korfball
bola keranjang

dat Swümmen
renang

dat Boxen
tinju

dat Ieshockey
hoki ais

de Football

bola sepak

dat Fedderball

badminton

de Leichtathletik

olahraga

de Handball

bola baling

dat Skilopen

ski

dat Polo

polo

de Aktivitäten
aktiviti

lachen
ketawa
springen
lompat
ümarmen
peluk
gahn
berjalan
singen
menyanyi
drömen
mimpi
beden
berdoa
snuteln
cium

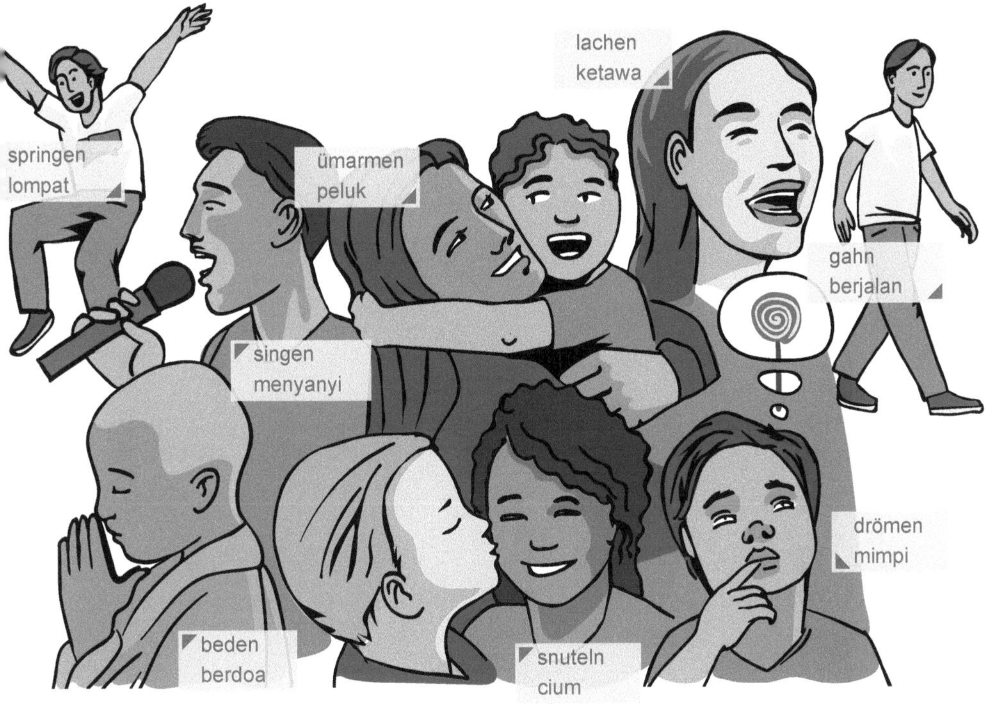

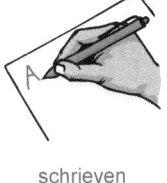

schrieven

tulis

teken

lukis

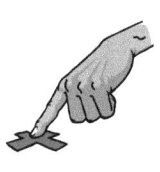

wiesen

tunjuk

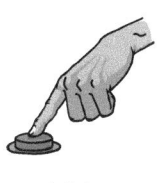

drücken

tolak

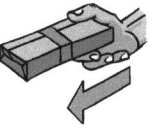

geven

beri

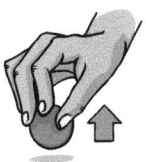

nehmen

ambil

hebben

ada

doon

buat

sien

ialah

stahn

berdiri

lopen

lari

trecken

tarik

smieten

buang

fallen

jatuh

liggen

tipu

töven

tunggu

dregen

bawa

sitten

duduk

antrecken

pakai

slapen

tidur

opwaken

bangkit

ankieken

lihat pada

wenen

menangis

eien

strok

kämmen

sikat

snacken

cakap

verstahn

faham

fragen

tanya

hören

dengar

drinken

minum

eten

makan

oprümen

mengemas

leefhebben

sayang

kaken

masak

fohren

pandu

flegen

terbang

segeln

belayar

reken

kira

lesen

baca

lehren

belajar

arbeiden

kerja

de Plünnen tohoopsmieten

nikah

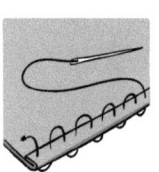

neihen

jahit

Tähnen putzen

memberus gigi

dootmaken

bunuh

smöken

asap

schicken

hantar

Grootmoder
nek

de Grootvadder
datuk

de Vadder
bapa

de Moder
ibu

Winnelkind
i

de Dochter
anak perempuan

de Söhn
anak lelaki

de Gast

tetamu

de Tant

mak cik

de Unkel

pak cik

de Broder

abang

de Süster

kakak

de Lief

badan

de Vörkopp
dahi
dat Oog
mata
de Schuller
bahu
de Finger
jari
dat Gesicht
muka
dat Kinn
dagu
de Hand
tangan
dat Been
kaki
de Bost
dada
de Arm
lengan

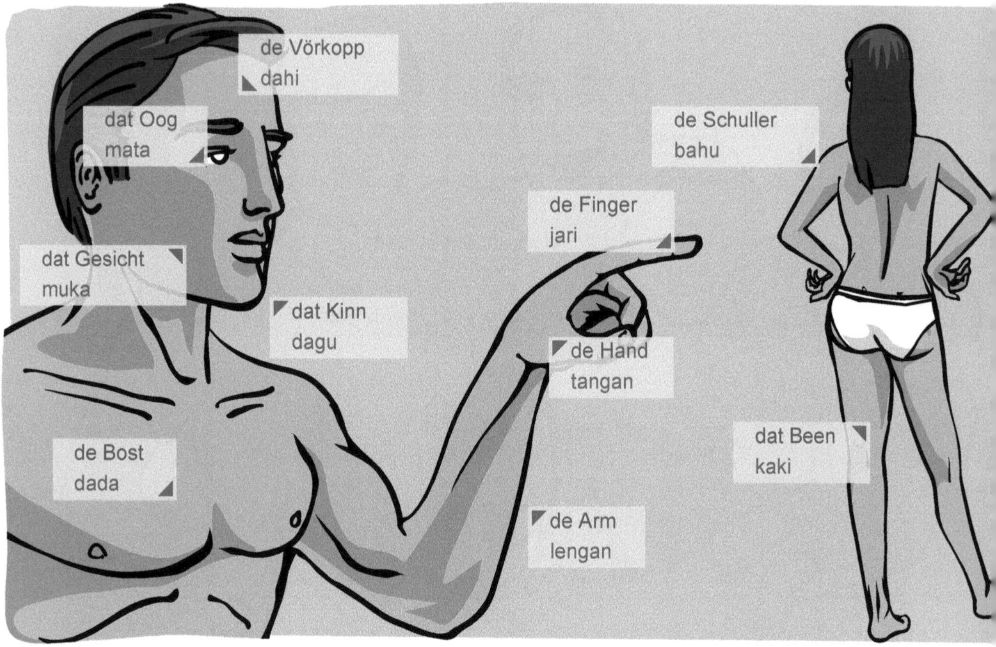

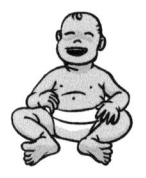

dat Winnelkind

bayi

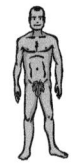

de Mann

lelaki

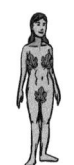

de Fro

wanita

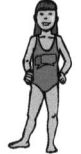

de Deern

perempuan

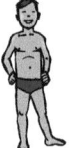

de Jung

lelaki

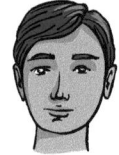

de Arm

kepala

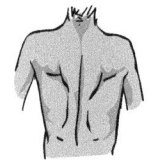

de Rüch

belakang

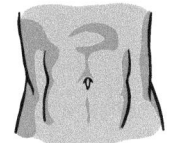

de Buuk

bawah perut

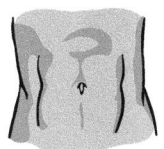

de Navel

pusat

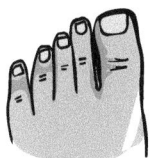

de Teh

jari kaki

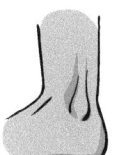

de Hack

tumit

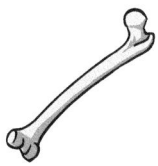

de Knaken

tulang

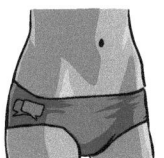

de Hüft

pinggul

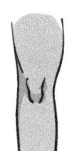

dat Knee

lutut

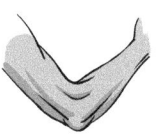

de Ellbagen

siku

de Nees

hidung

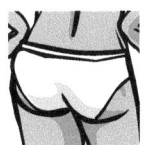

de Achtersen

bawah

de Huut

kulit

de Back

pipi

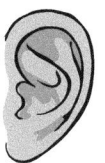

dat Ohr

telinga

de Lipp

bibir

de Mund

mulut

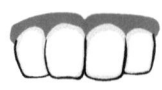

de Tähn

gigi

de Tung

lidah

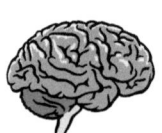

de Bregen

otak

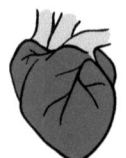

dat Hart

hati

de Muskel

otot

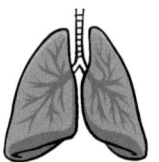

de Lung

paru-paru

de Lever

hati

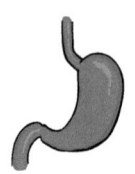

de Maag

perut

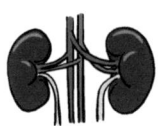

de Neren

buah pinggang

de Bislaap

seks

dat Kondoom

kondom

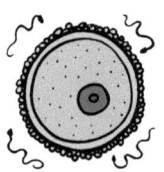

de Eizell

faraj

dat Sperma

mani

de Anner Ümstänn

mengandung

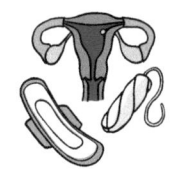

de Menstruatschoon

haid

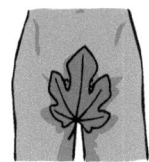

de Scheed

faraj

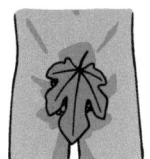

de Pint

penis

de Ogenbroe

kening

dat Hoor

rambut

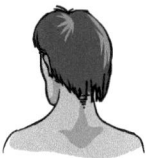

de Hals

leher

dat Krankenhuus

hospital

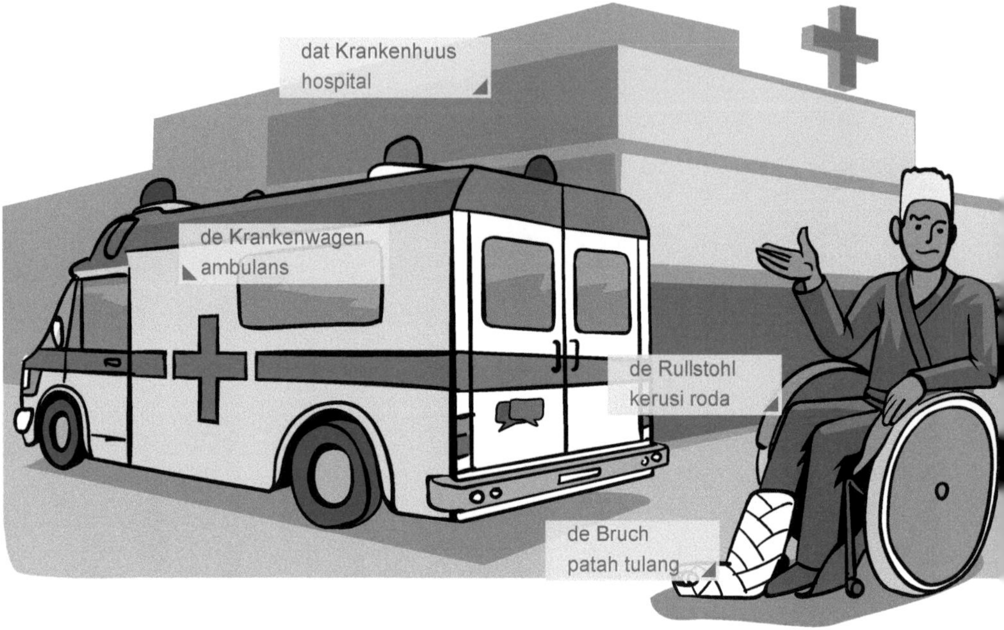

dat Krankenhuus
hospital
de Krankenwagen
ambulans
de Rullstohl
kerusi roda
de Bruch
patah tulang

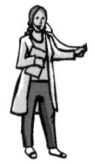

de Dokter

doktor

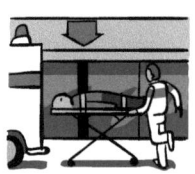

de Nootopnahm

bilik kecemasan

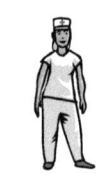

de Krankensüster

jururawat

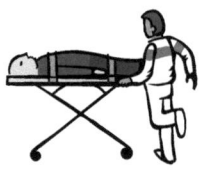

de Nootfall

kecemasan

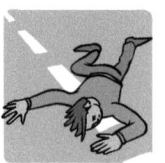

ahnmächtig

tak sedar

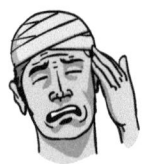

de Wehdaag

sakit

de Verwunnen

kecederaan

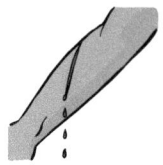

de Blöden

pendarahan

de Hartinfarkt

serangan jantung

de Slaganfall

strok

de Allergie

alergi

de Hoosten

batuk

dat Fever

demam

de Gripp

selesema

de Dörchfall

cirit-birit

de Koppwehdaag

sakit kepala

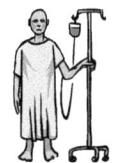

de Kreeft

kanser

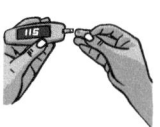

de Zuckersüük

diabetes

de Chirurg

pakar bedah

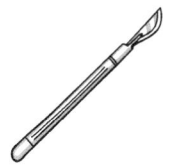

dat Chirurgsch Mess

pisau bedah

de Operatschoon

pembedahan

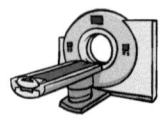

dat CT

CT

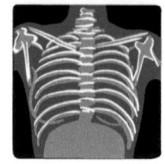

de Dörchlüchten

x-ray

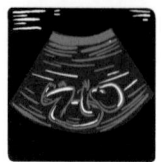

de Ultraschall

ultrabunyi

de Mask

topeng muka

de Krankheit

penyakit

de Töövruum

bilik menunggu

de Krück

penongkat

dat Plaaster

plaster

de Verband

pembalut

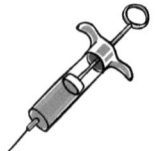

de Insprütten

suntikan

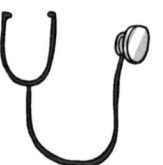

dat Stethoskop

stetoskop

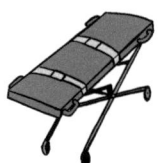

de Draag

pengusung

dat Feverthermometer

termometer klinik

de Geboort

kelahiran

dat Övergewicht

berat badan berlebihan

de Höörapparat

alat pendengaran

dat Kiemfriemiddel

disinfektan

de Ansteken

jangkitan

de Virus

virus

dat HIV / AIDS

HIV / AIDS

dat Heelmiddel

perubatan

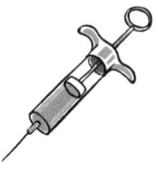

de Impen

vaksinasi

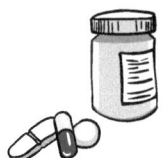

de Tabletten

tablet

de Pill

pil

de Nootroop

panggilan kecemasan

de Blootdruck-Meter

pantau tekanan darah

krank / gesund

sakit / sihat

Hölp!

Tolong!

de Alarm

penggera

de Överfall

serang

de Angreep

serangan

de Gefohr

bahaya

de Nootutgang

pintu kecemasan

dat Füer!

Api!

de Füerlöscher

alat pemadam api

de Unfall

kemalangan

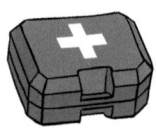

de Noothölpkoffer

alat pertolongan cemas

SOS

SOS

de Polizei

polis

Europa

Eropah

Noordamerika

Amerika Utara

Süüdamerika

Amerika Selatan

Afrika

Afrika

Asien

Asia

Australien

Australia

de Atlantik

Atlantic

de Pazifik

Pasifik

dat Indisch Weltmeer

Lautan Hindi

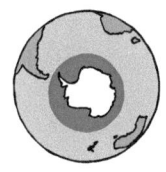

at Antarktisch Weltmeer

Lautan Antartik

dat Arktisch Weltmeer

Lautan Artik

de Noordpol

Kutub utara

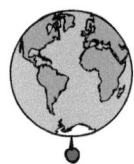

de Süüdpol

Kutub Selatan

de Antarktis

Antartika

de Eerd

bumi

dat Land

tanah

de See

laut

dat Eiland

pulau

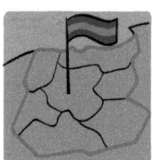

de Natschoon

negara

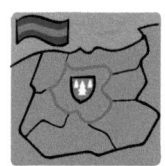

de Staat

negeri

dat Tallenblatt

muka jam

de Stunnenwieser

tangan jam

de Minutenwieser

tangan minit

de Sekunnenwieser

terpakai

Wo laat is dat?

Jam berapa sekarang

de Dag

hari

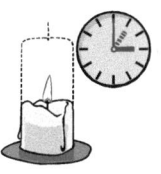

de Tiet

masa

nu

sekarang

de digetaalsch Klock

jam digital

de Minuut

minit

de Stunn

jam

de Week
minggu

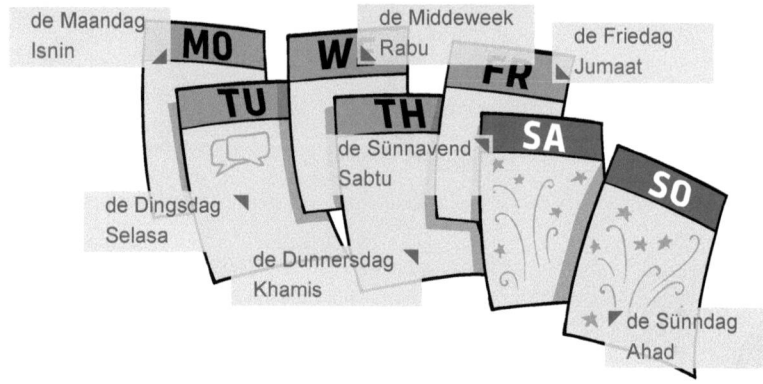

de Maandag — Isnin
de Middeweek — Rabu
de Friedag — Jumaat
de Dingsdag — Selasa
de Sünnavend — Sabtu
de Dunnersdag — Khamis
de Sünndag — Ahad

güstern
semalam

hüüt
hari ini

morgen
esok

de Morgen
pagi

de Meddag
tengah hari

de Avend
petang

de Arbeitsdaag
hari kerja

dat Wekenenn
hari minggu

dat Johr

tahun

de Regen
hujan
de Regenbagen
pelangi
de Snee
salji
de Wind
angin
dat Fröhjohr
musim bunga
de Harvst
musim luruh
de Sommer
musim panas
de Winter
musim salji

4.APRIL 11°
5.APRIL 4°
6.APRIL 13°
7.APRIL 8°
8.APRIL 10°

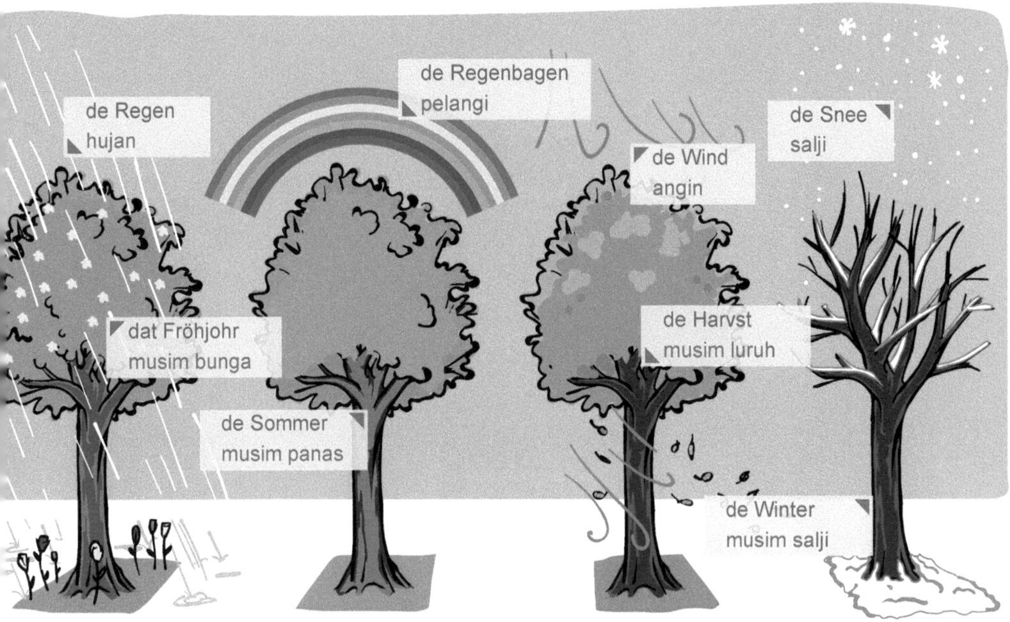

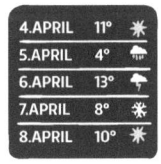

de Wedervörhersaag

ramalan cuaca

F C
120 40
90 30
60 20
30 10
0 0
-30 -10
-20

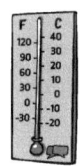

dat Thermometer

termometer

de Sünnenschien

sinar matahari

de Wulk

awan

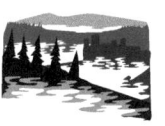

de Nevel

kabus

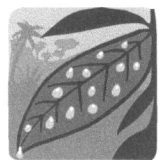

de Luftfuchtigkeit

lembapan

de Blitz
....
kilat

de Dunner
....
petir

de Storm
....
ribut

de Hagel
....
hujan batu

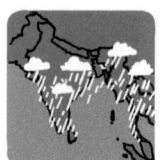

de Monsun
....
monsun

de Floot
....
banjir

dat Ies
....
ais

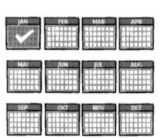

de Januormaand
....
Januari

de Februormaand
....
Februari

de Martmaand
....
Mac

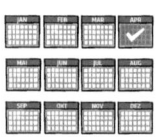

de Aprilmaand
....
April

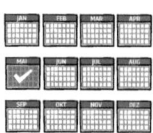

de Maimaand
....
Mei

de Junimaand
....
Jun

de Julimaand
....
Julai

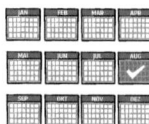

de Augustmaand
....
Ogos

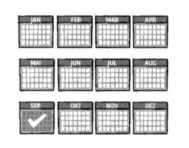

de Septembermaand
....
September

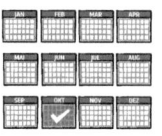

de Oktobermaand
....
Oktober

de Novembermaand
....
November

de Dezembermaand
....
Disember

de Formen
bentuk

de Krink
....
bulatan

dat Quadrat
....
petak

dat Rechteck
....
segi empat tepat

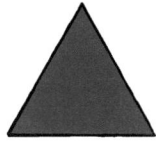

dat Dreeeck
....
segitiga

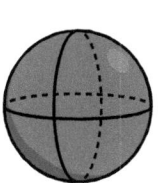

de Kugel
....
sfera

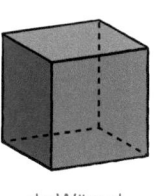

de Wörpel
....
kiub

witt

putih

geel

kuning

orangsch

oren

pink

merah jambu

root

merah

lila

ungu

blau

biru

gröön

hijau

bruun

coklat

gries

kelabu

swart

hitam

veel / wenig

banyak / sedikit

böös / verdreeglich

marah / tenang

smuck / mies

cantik / hodoh

de Begünn / dat Enn

bermula / tamat

groot / lütt

besar kecil

hell / düüster

terang / gelap

de Broder / de Süster

abang / kakak

schier / schietig

bersih / kotor

kumpleet / nich kumpleet

lengkap / tidak lengkap

de Dag / de Nacht

hari / malam

doot / lebennig

mati / hidup

breet / small

luas / sempit

geneetbor / nich geneetbor

boleh dimakan / tidak boleh dimakan

böös / fründlich

jahat / baik

fickerig / langwielt

teruja / bosan

dick / dünn

gemuk / kurus

toeerst / toletzt

pertama / terakhir

de Fründ / de Fiend

kawan / musuh

vull / leddig

penuh / kosong

hart / week

keras / lembut

swoor / licht

berat / ringan

de Smacht / de Döst

lapar / dahaga

krank / gesund

sakit / sihat

nich na't Recht / na't Recht

menyalahi undang-undang / undang-undang

klook / dummerhaftig

pintar / bodoh

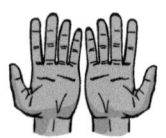

linkerhand / rechterhand

kiri / kanan

neeg / feern

dekat / jauh

nieg / bruukt

baru / lama

nix / wat

tiada / sesuatu

oolt / jung

tua / muda

an / ut

hidup / mati

apen / slaten

terbuka / tertutup

lies / luut

diam / bising

riek / arm

kaya / miskin

richtig / verkehrt

betul / salah

ruug / glatt

kasar / halus

trurig / glücklich

sedih / gembira

kort / lang

pendek / panjang

suutje / flink

lambat / laju

natt / dröög

basah / kering

warm / köhl

panas / sejuk

de Krieg / de Freden

berperang / berdamai

0	**1**	**2**
null	een	twee
sifar	satu	dua

3	**4**	**5**
dree	veer	fief
tiga	empat	lima

6	**7**	**8**
söss	söven	acht
enam	tujuh	lapan

9	**10**	**11**
negen	teihn	ölven
sembilan	sepuluh	sebelas

12

twölf

dua belas

13

dörteihn

tiga belas

14

veerteihn

empat belas

15

föffteihn

lima belas

16

sössteihn

enam belas

17

söventeihn

tujuh belas

18

achtteihn

lapan belas

19

negenteihn

Sembilan belas

20

twintig

dua puluh

100

hunnert

ratus

1.000

dusend

ribu

1.000.000

million

juta

de Spraken
bahasa-bahasa

dat Engelsch

Bahasa Inggeris

dat Amerikaansch Engelsch

Bahasa Inggeris Amerika

dat Chineesch Mandarin

Bahasa Cina Mandarin

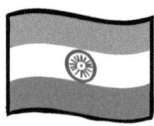

dat Hindi

Bahasa Hindi

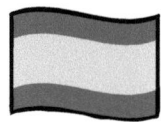

dat Spaansch

Bahasa Sepanyol

dat Franzöösch

Bahasa Perancis

dat Araabsch

Bahasa Arab

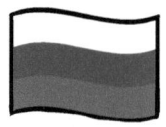

dat Rusch

Bahasa Rusia

dat Portugiesch

Bahasa Portugis

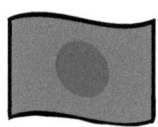

dat Bengaalsch

Bahasa Benggali

dat Düütsch

Bahasa Jerman

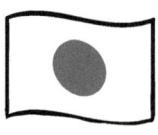

dat Japaansch

Bahasa Jepun

ik

saya

du

anda

he / se / dat

dia / dia / ia

wi

kita

ji

anda

se

mereka

keen?

siapa?

wat?

apa?

woans?

bagaimana?

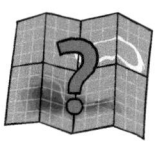

woneem?

di mana?

wannehr?

bila?

de Naam

nama

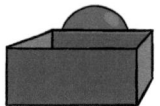

achter

belakang

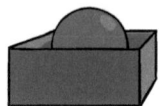

in

dalam

vör

di hadapan

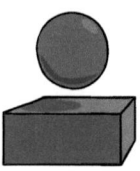

över

lebih

op

pada

ünner

di bawah

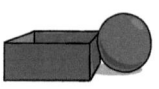

blangen

bersebelahan

twüschen

antara

de Oort

tempat